화엄경 제52권(여래출현품 37-3) 해설

화엄경 제52권에는

첫째 어떤 것이 여래의 정각경계이고 (pp.1~27)
둘째 어떻게 그 경계를 알 수 있으며 (pp.27~44)
셋째 그렇게 깨달은 사람이 어떻게 전법륜 하는가 (pp.44~72)
　　하는 것을 묻고 답하며
넷째 어떻게 여래응정등각을 친히 뵙고, 법문을 들으며, 가까이 모실 수 있는가 그 방법을 묻고 대답했다.(pp.72~92)

그런데 매 문답의 시작은 사설(辭說)로써 하지만 그 끝에 가서는 반드시 중송(重頌)이 있다.

그리고 맨 끝에 가서는 그 같은 일들이 佛神力故로, 應如是故로 시방법계에서 불가사의하게 일어나고 있다는 사실을 pp.92~107까지 설한다.

如來出現品 第三十七
(여래출현품 제삼십칠)

之三
(지삼)

佛子菩薩摩訶薩應云何
(불자보살마하살응운하)

知如來應正等覺境界佛子
(지여래응정등각경계불자)

菩薩摩訶薩以無障無礙智
(보살마하살이무장무애지)

慧知一切世間境界是如來
(혜지일체세간경계시여래)

境界知一切三世境界一切
(경계지일체삼세경계일체)

刹境界一切法境界一切衆
찰경계일체법경계일체중

生境界眞如無差別境界法
생경계진여무차별경계법

界無障礙境界實際無邊際
계무장애경계실제무변제

境界虛空無分量境界無境
경계허공무분량경계무경

界境界是如來境界佛子如
계경계시여래경계불자여

一切世間境界無量如來境
일체세간경계무량여래경

界亦無量如一切三世境界
계역무량여일체삼세경계

無量如來境界亦無量乃至
如無境界境界無量如來境
界亦無量如無境界境界一
切處無有如來境界亦如是
一切處無有
佛子菩薩摩訶薩應知心
境界是如來境界如心境界

無 무 量 량 無 무 邊 변 無 무 纏 전 無 무 脫 탈 如 여 來 래 境 경
界 계 亦 역 無 무 量 량 無 무 邊 변 無 무 纏 전 無 무 脫 탈 何 하
以 이 故 고 以 이 如 여 是 시 如 여 是 시 思 사 惟 유 分 분 別 별
如 여 是 시 如 여 是 시 無 무 量 량 顯 현 現 현 故 고 佛 불 子 자
如 여 大 대 龍 룡 王 왕 隨 수 心 심 降 강 雨 우 其 기 雨 우 不 부
從 종 內 내 出 출 不 부 從 종 外 외 出 출 如 여 來 래 境 경 界 계
亦 역 復 부 如 여 是 시 隨 수 於 어 如 여 是 시 思 사 惟 유 分 분

別則有如是無量顯於十方 (별즉유여시무량현어시방)
中悉無來處佛子如大海水 (중실무래처불자여대해수)
皆從龍王心力所起諸佛如 (개종용왕심력소기제불여)
來一切智海亦復如是皆從 (래일체지해역부여시개종)
如來往昔大願之所生起 (여래왕석대원지소생기)
佛子一切智海無量無邊 (불자일체지해무량무변)
不可思議不可言說然我今 (불가사의불가언설연아금)

四 사	有 유	五 오	流 유	入 입	此 차	者 자
天 천	一 일	百 백	入 입	大 대	閻 염	略 약
下 하	萬 만	河 하	大 대	海 해	浮 부	說 설
如 여	河 하	流 유	海 해	西 서	提 제	譬 비
是 시	流 유	入 입	東 동	拘 구	有 유	喩 유
二 이	入 입	大 대	弗 불	耶 야	二 이	汝 여
萬 만	大 대	海 해	婆 파	尼 니	千 천	應 응
五 오	海 해	北 북	提 제	有 유	五 오	諦 제
千 천	佛 불	鬱 울	有 유	五 오	百 백	聽 청
河 하	子 자	單 단	七 칠	千 천	河 하	佛 불
相 상	此 차	越 월	千 천	河 하	流 유	子 자

續속 不불 絶절 流유 入입 大대 海해 於어 意의 云운 何하
此차 水수 多다 不부 答답 言언 甚심 多다 佛불 子자 復부
有유 十십 光광 明명 龍룡 王왕 雨우 大대 海해 中중 水수
倍배 過과 前전 百백 光광 明명 龍용 王왕 雨우 大대 海해
中중 水수 復부 倍배 前전 大대 莊장 嚴엄 龍용 王왕 摩마
那나 斯사 龍용 王왕 雷뇌 震진 龍룡 王왕 難난 陀타 跋발
難난 陀타 龍용 王왕 無무 量량 光광 明명 龍용 王왕 連연

사경의 공덕은 십만억 부처님께 공양한 것과 같은 공덕이 있습니다.

澍(주) 不(부) 斷(단) 龍(용) 王(왕) 大(대) 勝(승) 龍(룡) 王(왕) 大(대) 奮(분)

迅(신) 龍(룡) 王(왕) 如(여) 是(시) 等(등) 八(팔) 十(십) 億(억) 諸(제) 大(대)

龍(용) 王(왕) 各(각) 雨(우) 大(대) 海(해) 皆(개) 悉(실) 展(전) 轉(전) 倍(배)

過(과) 於(어) 前(전) 娑(사) 竭(갈) 羅(라) 龍(용) 王(왕) 太(태) 子(자) 名(명)

閻(염) 浮(부) 幢(당) 雨(우) 大(대) 海(해) 中(중) 水(수) 復(부) 倍(배) 前(전)

佛(불) 子(자) 十(십) 光(광) 明(명) 龍(룡) 王(왕) 宮(궁) 殿(전) 中(중)

水(수) 流(유) 入(입) 大(대) 海(해) 復(부) 倍(배) 過(과) 前(전) 百(백) 光(광)

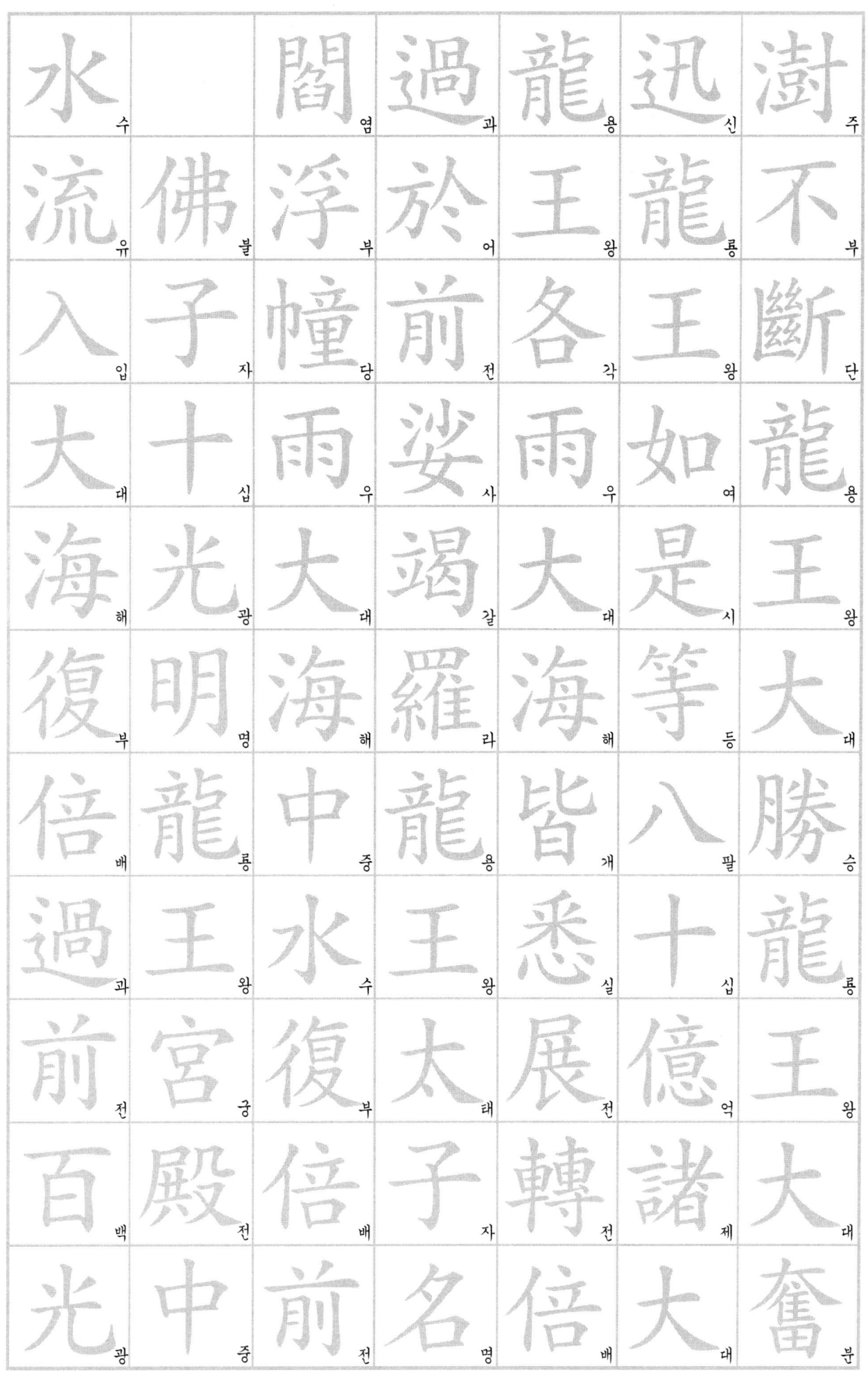

明龍王宮殿中水流入大海
명룡왕궁전중수유입대해

復倍過前大莊嚴龍王摩那
부배과전대장엄용왕마나

斯龍王雷震龍王難陀跋難
사용왕뇌진룡왕난타발난

陀龍王無量光明龍王連澍
타용왕무량광명룡왕연주

不斷龍王大勝龍王大奮迅
부단룡왕대승룡왕대분신

龍王如是等八十億諸大龍
룡왕여시등팔십억제대용

王宮殿各別其中有水流入
왕궁전각별기중유수유입

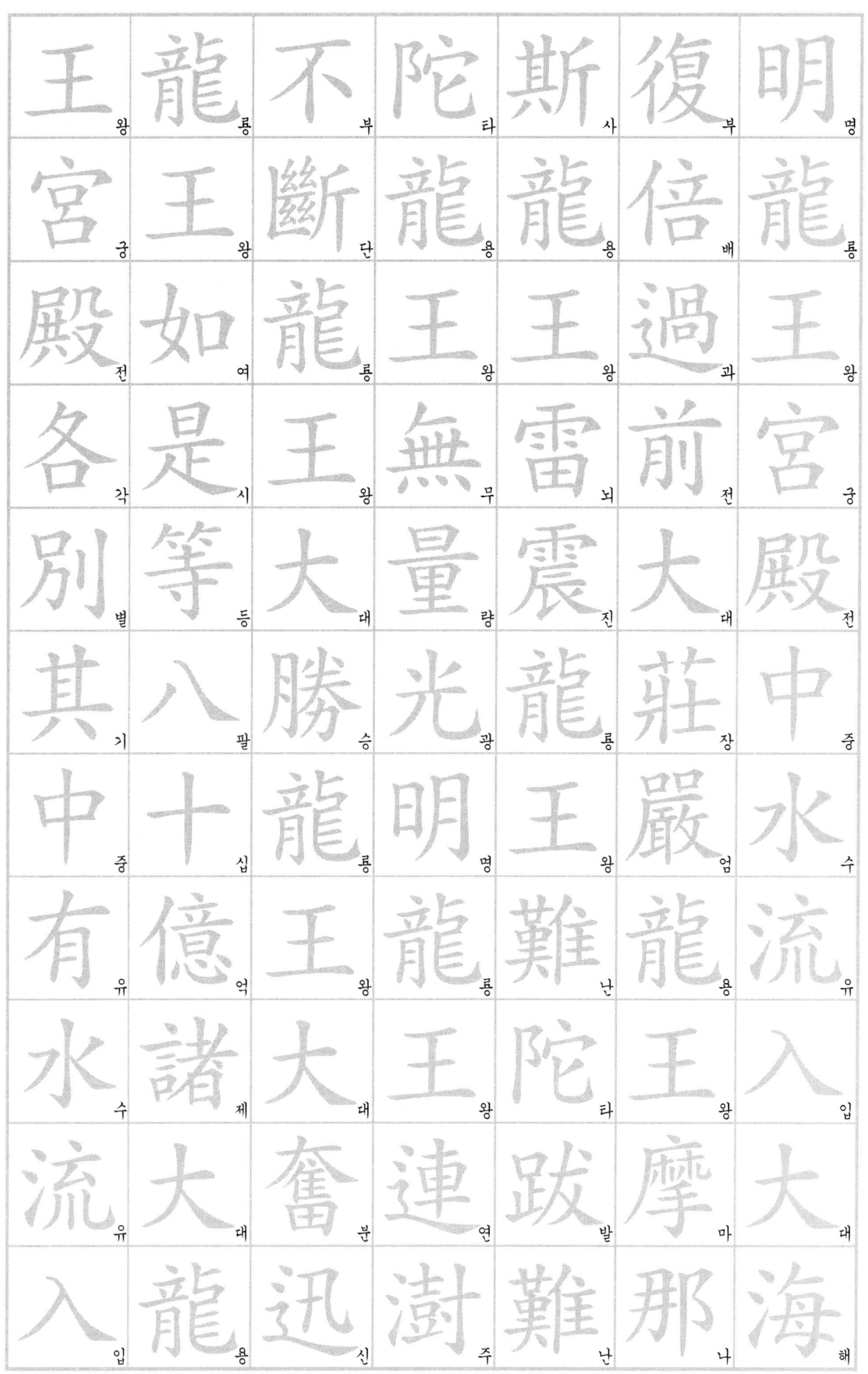

大海皆悉展轉倍過於前前娑
대해개실전전배과어전전사

竭羅龍王太子閻浮幢宮殿
갈라용왕태자염부당궁전

中水流入大海復倍過前
중수유입대해부배과전

佛子娑竭羅龍王連雨大
불자사갈라용왕연우대

海水復倍前其娑竭羅龍王
해수부배전기사갈라용왕

宮殿中水涌出入海復倍於
궁전중수용출입해부배어

前其所出水紺琉璃色涌出
전기소출수감유리색용출

有時是故大海潮不失時
유시시고대해조불실시

佛子如是大海其水無量
불자여시대해기수무량

衆寶無量衆生無量所依大
중보무량중생무량소의대

地亦復無量佛子於汝意云
지역부무량불자어여의운

何彼大海爲無量不答言實
하피대해위무량부답언실

爲無量不可爲喩佛子此大
위무량불가위유불자차대

海無量於如來智海無量百
해무량어여래지해무량백

分(분)不(불)及(급)一(일)千(천)分(분)不(불)及(급)一(일)乃(내)至(지)
優(우)波(바)尼(니)沙(사)陀(타)分(분)不(불)及(급)其(기)一(일)但(단)
隨(수)衆(중)生(생)心(심)爲(위)作(작)譬(비)喩(유)而(이)佛(불)境(경)
界(계)非(비)譬(비)所(소)及(급)

佛(불)子(자)菩(보)薩(살)摩(마)訶(하)薩(살)應(응)知(지)如(여)
來(래)智(지)海(해)無(무)量(량)從(종)初(초)發(발)心(심)修(수)一(일)
切(체)菩(보)薩(살)行(행)不(부)斷(단)故(고)應(응)知(지)寶(보)聚(취)

無量一切菩提分法三寶種
(무량일체보리분법삼보종)

不斷故應知所住衆生無量
(부단고응지소주중생무량)

一切學無學聲聞獨覺所受
(일체학무학성문독각소수)

用故應知住地無量從初歡
(용고응지주지무량종초환)

喜地乃至究竟無障礙地諸
(희지내지구경무장애지제)

菩薩所居故佛子菩薩摩訶
(보살소거고불자보살마하)

薩爲入無量智慧利益一切
(살위입무량지혜이익일체)

衆(중)生(생)故(고)於(어)如(여)來(래)應(응)正(정)等(등)覺(각)境(경)

界(계)應(응)如(여)是(시)知(지)

爾(이)時(시)普(보)賢(현)菩(보)薩(살)摩(마)訶(하)薩(살)欲(욕)

重(중)明(명)此(차)義(의)而(이)說(설)頌(송)言(언)

如(여)心(심)境(경)界(계)無(무)有(유)量(량)

諸(제)佛(불)境(경)界(계)亦(역)復(부)然(연)

如(여)心(심)境(경)界(계)從(종)意(의)生(생)

佛境如是應觀察
불경여시응관찰

如龍不離於本處
여룡불리어본처

以心威力澍大雨
이심위력주대우

雨水雖無來去處
우수수무래거처

隨龍心故悉充洽
수룡심고실충흡

十力牟尼亦如是
십력모니역여시

無所從來無所去
무소종래무소거

若有淨心則現身
약유정심즉현신

量等法界入毛孔
양등법계입모공

如海珍奇無有量
여해진기무유량

衆生大地亦復然
중생대지역부연

水性一味等無別
수성일미등무별

於中生者各蒙利
어중생자각몽이

如來智海亦如是
여래지해역여시

사경의 공덕은 십만억 부처님께 공양한 것과 같은 공덕이 있습니다.

一切所有皆無量 (일체소유개무량)
有學無學住地人 (유학무학주지인)
悉在其中得饒益 (실재기중득요익)
佛子菩薩摩訶薩應云何 (불자보살마하살응운하)
知如來應正等覺行 佛子菩 (지여래응정등각행 불자보)
薩摩訶薩應知無礙行是如 (살마하살응지무애행시여)
來行 應知眞如行是如來行 (래행 응지진여행시여래행)

佛子如眞如前際不生後
際不動現在不起如來行亦
如是不生不動不起佛子如
法界非量非無量無形故如
來行亦如是非量非無量無
形故
佛子譬如鳥飛虛空經於

百年已經過處未經過處皆
백년이경과처미경과처개

不可量何以故虛空界無邊
불가량하이고허공계무변

際故如來行亦如是假使有
제고여래행역여시가사유

人經百千億那由他劫分別
인경백천억나유타겁분별

演說已說未說皆不可量何
연설이설미설개불가량하

以故如來行無邊際故
이고여래행무변제고

佛子如來應正等覺住無
불자여래응정등각주무

사경의 공덕은 십만억 부처님께 공양한 것과 같은 공덕이 있습니다.

礙行無有住處而能普爲一
애행무유주처이능보위일

切衆生示現所行令其見已
체중생시현소행영기견이

出過一切諸障礙道佛子譬
출과일체제장애도불자비

如金翅鳥王飛行虛空迴翔
여금시조왕비행허공회상

不去以淸淨眼觀察海內諸
불거이청정안관찰해내제

龍宮殿奮勇猛力以左右翅
용궁전분용맹력이좌우시

鼓揚海水悉令兩闢知龍男
고양해수실영양벽지용남

生 생	勇 용	曾 증	法 법	是 시	應 응	女 녀
死 사	猛 맹	種 종	界 계	住 주	正 정	命 명
大 대	十 십	善 선	諸 제	無 무	等 등	將 장
愛 애	力 력	根 근	宮 궁	礙 애	覺 각	盡 진
水 수	以 이	已 이	殿 전	行 행	金 금	者 자
海 해	止 지	成 성	中 중	以 이	翅 시	而 이
使 사	觀 관	熟 숙	一 일	淨 정	鳥 조	搏 박
其 기	兩 양	者 자	切 체	佛 불	王 왕	取 취
兩 양	翅 시	如 여	衆 중	眼 안	亦 역	之 지
闢 벽	鼓 고	來 래	生 생	觀 관	復 부	如 여
而 이	揚 양	奮 분	若 약	察 찰	如 여	來 래

撮取之置佛法中令斷一切
촬취지치불법중령단일체

妄想戲論安住如來無分別
망상희론안주여래무분별

無礙行
무애행

佛子譬如日月獨無等侶
불자비여일월독무등려

周行虛空利益衆生不作是
주행허공이익중생부작시

念我從何來而至何所諸佛
념아종하래이지하소제불

如來亦復如是性本寂滅無
여래역부여시성본적멸무

有(유)分(분)別(별)示(시)現(현)遊(유)行(행)一(일)切(체)法(법)界(계)

爲(위)欲(욕)饒(요)益(익)諸(제)衆(중)生(생)故(고)作(작)諸(제)佛(불)

事(사)無(무)有(유)休(휴)息(식)不(불)生(생)如(여)是(시)戲(희)論(론)

分(분)別(별)我(아)從(종)彼(피)來(래)而(이)向(향)彼(피)去(거)佛(불)

子(자)菩(보)薩(살)摩(마)訶(하)薩(살)應(응)以(이)如(여)是(시)等(등)

無(무)量(량)方(방)便(편)無(무)量(량)性(성)相(상)知(지)見(견)如(여)

來(래)應(응)正(정)等(등)覺(각)所(소)行(행)之(지)行(행)

爾時普賢菩薩欲重明此
이시보현보살욕중명차

義而說頌言
의이설송언

譬如眞如不生滅
비여진여불생멸

無有方所無能見
무유방소무능견

大饒益者行如是
대요익자행여시

出過三世不可量
출과삼세불가량

法界非界非非界
법계비계비비계

사경의 공덕은 십만억 부처님께 공양한 것과 같은 공덕이 있습니다.

非是有量非無量 (비시유량비무량)
大功德者行亦然 (대공덕자행역연)
非量無量無身故 (비량무량무신고)
如鳥飛行億千歲 (여조비행억천세)
前後虛空等無別 (전후허공등무별)
衆劫演說如來行 (중겁연설여래행)
已說未說不可量 (이설미설불가량)

金翅在空觀大海
금시재공관대해

闢水搏取龍男女
벽수박취용남녀

十力能拔善根人
십력능발선근인

令出有海除衆惑
영출유해제중혹

譬如日月遊虛空
비여일월유허공

照臨一切不分別
조임일체불분별

世尊周行於法界
세존주행어법계

教(교)化(화)衆(중)生(생)無(무)動(동)念(념)

佛(불)子(자)諸(제)菩(보)薩(살)摩(마)訶(하)薩(살)應(응)云(운)

何(하)知(지)如(여)來(래)應(응)正(정)等(등)覺(각)成(성)正(정)覺(각)

佛(불)子(자)菩(보)薩(살)摩(마)訶(하)薩(살)應(응)知(지)如(여)來(래)

成(성)正(정)覺(각)於(어)一(일)切(체)義(의)無(무)所(소)觀(관)察(찰)

於(어)法(법)平(평)等(등)無(무)所(소)疑(의)惑(혹)無(무)二(이)無(무)

相(상)無(무)行(행)無(무)止(지)無(무)量(량)無(무)際(제)遠(원)離(리)

사경의 공덕은 십만억 부처님께 공양한 것과 같은 공덕이 있습니다.

二(이) 邊(변) 住(주) 於(어) 中(중) 道(도) 出(출) 過(과) 一(일) 切(체) 文(문)
字(자) 言(언) 說(설) 知(지) 一(일) 切(체) 衆(중) 生(생) 心(심) 念(념) 所(소)
行(행) 根(근) 性(성) 欲(욕) 樂(락) 煩(번) 惱(뇌) 染(염) 習(습) 擧(거) 要(요)
言(언) 之(지) 於(어) 一(일) 念(념) 中(중) 悉(실) 知(지) 三(삼) 世(세) 一(일)
切(체) 諸(제) 法(법)
佛(불) 子(자) 譬(비) 如(여) 大(대) 海(해) 普(보) 能(능) 印(인) 現(현)
四(사) 天(천) 下(하) 中(중) 一(일) 切(체) 衆(중) 生(생) 色(색) 身(신) 形(형)

사경의 공덕은 십만억 부처님께 공양한 것과 같은 공덕이 있습니다.

像상 是시 故고 共공 說설 以이 爲위 大대 海해 諸제 佛불
菩보 提리 亦역 復부 如여 是시 普보 現현 一일 切체 衆중
生생 心심 念념 根근 性성 樂낙 欲욕 而이 無무 所소 現현
是시 故고 說설 名명 諸제 佛불 菩보 提리

佛불 子자 諸제 佛불 菩보 提리 一일 切체 文문 字자
所소 不불 能능 宣선 一일 切체 音음 聲성 所소 不불 能능
及급 一일 切체 言언 語어 所소 不불 能능 說설 但단 隨수

所(소)應(응)方(방)便(편)開(개)示(시)

佛(불)子(자)如(여)來(래)應(응)正(정)等(등)覺(각)成(성)正(정)覺(각)時(시)得(득)一(일)切(체)衆(중)生(생)量(량)等(등)身(신)得(득)一(일)切(체)法(법)量(량)等(등)身(신)得(득)一(일)切(체)刹(찰)量(량)等(등)身(신)得(득)一(일)切(체)三(삼)世(세)量(량)等(등)身(신)得(득)一(일)切(체)佛(불)量(량)等(등)身(신)得(득)一(일)切(체)語(어)言(언)量(량)等(등)身(신)得(득)眞(진)如(여)量(량)等(등)身(신)得(득)法(법)

사경의 공덕은 십만억 부처님께 공양한 것과 같은 공덕이 있습니다.

界量等身得虛空界量等身
계량등신득허공계량등신

得無礙界量等身得一切願
득무애계량등신득일체원

量等身得一切行量等身得
량등신득일체행량등신득

寂滅涅槃界量等身佛子如
적멸열반계량등신불자여

所得身言語及心亦復如是
소득신언어급심역부여시

得如是等無量無數清淨三
득여시등무량무수청정삼

輪
륜

사경의 공덕은 십만억 부처님께 공양한 것과 같은 공덕이 있습니다.

佛(불)子(자)如(여)來(래)成(성)正(정)覺(각)時(시)於(어)其(기)
身(신)中(중)普(보)見(견)一(일)切(체)衆(중)生(생)成(성)正(정)覺(각)
乃(내)至(지)普(보)見(견)一(일)切(체)衆(중)生(생)入(입)涅(열)槃(반)
皆(개)同(동)一(일)性(성)所(소)謂(위)無(무)性(성)無(무)何(하)等(등)
性(성)所(소)謂(위)無(무)相(상)性(성)無(무)盡(진)性(성)無(무)生(생)
性(성)無(무)滅(멸)性(성)無(무)我(아)性(성)無(무)非(비)我(아)性(성)
無(무)衆(중)生(생)性(성)無(무)非(비)衆(중)生(생)性(성)無(무)菩(보)

提性無法界性無虛空性亦
(리 성 무 법 계 성 무 허 공 성 역)

復無有成正覺性知一切法
(부 무 유 성 정 각 성 지 일 체 법)

皆無性故得一切智大悲相
(개 무 성 고 득 일 체 지 대 비 상)

續救度衆生
(속 구 도 중 생)

佛子譬如虛空一切世界
(불 자 비 여 허 공 일 체 세 계)

若成若壞常無增減何以故
(약 성 약 괴 상 무 증 감 하 이 고)

虛空無生故諸佛菩提亦復
(허 공 무 생 고 제 불 보 리 역 부)

如是若成正覺不成正覺亦
(여시약성정각불성정각역)

無增減何以故菩提無相無
(무증감하이고보리무상무)

非相無一無種種故佛子假
(비상무일무종종고불자가)

使有人能化作恒河沙等心
(사유인능화작항하사등심)

一一心復化作恒河沙等佛
(일일심부화작항하사등불)

皆無色無形無相如是盡恒
(개무색무형무상여시진항)

河沙等劫無有休息佛子於
(하사등겁무유휴식불자어)

汝(여)意(의)云(운)何(하)彼(피)人(인)化(화)心(심)化(화)作(작)如(여)
來(래)凡(범)有(유)幾(기)何(하)如(여)來(래)性(성)起(기)妙(묘)德(덕)
菩(보)薩(살)言(언)如(여)我(아)解(해)於(어)仁(인)所(소)說(설)義(의)
化(화)與(여)不(불)化(화)等(등)無(무)有(유)別(별)云(운)何(하)問(문)
言(언)凡(범)有(유)幾(기)何(하)普(보)賢(현)菩(보)薩(살)言(언)善(선)
哉(재)善(선)哉(재)佛(불)子(자)如(여)汝(여)所(소)說(설)設(설)一(일)
切(체)衆(중)生(생)於(어)一(일)念(념)中(중)悉(실)成(성)正(정)覺(각)

與不成正覺等無有異何以
여불성정각등무유이하이

故菩提無相故若無有相則
고보리무상고약무유상즉

無增無減佛子菩薩摩訶薩
무증무감불자보살마하살

應如是知成等正覺同於菩
응여시지성등정각동어보

提一相無相如來成正覺時
리일상무상여래성정각시

以一相方便入善覺智三昧
이일상방편입선각지삼매

入已於一成正覺廣大身現
입이어일성정각광대신현

사경의 공덕은 십만억 부처님께 공양한 것과 같은 공덕이 있습니다.

一切衆生數等身住於身中 (일체중생수등신주어신중)
如一成正覺廣大身一切成 (여일성정각광대신일체성)
正覺廣大身悉亦如是 (정각광대신실역여시)
佛子如來有如是等無量 (불자여래유여시등무량)
成正覺門是故應知如來所 (성정각문시고응지여래소)
現身無有量以無量故說如 (현신무유량이무량고설여)
來身爲無量界等衆生界佛 (래신위무량계등중생계불)

子菩薩摩訶薩應知如來身 (자보살마하살응지여래신)
一毛孔中有一切衆生數等 (일모공중유일체중생수등)
諸佛身何以故如來成正覺 (제불신하이고여래성정각)
身究竟無生滅故如一毛孔 (신구경무생멸고여일모공)
徧法界一切毛孔悉亦如是 (변법계일체모공실역여시)
當知無有少許處空無佛身 (당지무유소허처공무불신)
何以故如來成正覺無處不 (하이고여래성정각무처부)

사경의 공덕은 십만억 부처님께 공양한 것과 같은 공덕이 있습니다.

至(지) 故(고) 隨(수) 其(기) 所(소) 能(능) 隨(수) 其(기) 勢(세) 力(력) 於(어)
道(도) 場(량) 菩(보) 提(리) 樹(수) 下(하) 師(사) 子(자) 座(좌) 上(상) 以(이)
種(종) 種(종) 身(신) 成(성) 等(등) 正(정) 覺(각)
佛(불) 子(자) 菩(보) 薩(살) 摩(마) 訶(하) 薩(살) 應(응) 知(지) 自(자)
心(심) 念(염) 念(념) 常(상) 有(유) 佛(불) 成(성) 正(정) 覺(각) 何(하) 以(이)
故(고) 諸(제) 佛(불) 如(여) 來(래) 不(불) 離(리) 此(차) 心(심) 成(성) 正(정)
覺(각) 故(고) 如(여) 自(자) 心(심) 一(일) 切(체) 衆(중) 生(생) 心(심) 亦(역)

復如是悉有如來成等正覺
부여시실유여래성등정각

廣大周徧無處不有不離不
광대주변무처불유불리불

斷無有休息入不思議方便
단무유휴식입불사의방편

法門佛子菩薩摩訶薩應如
법문불자보살마하살응여

是知如來成正覺
시지여래성정각

爾時普賢菩薩摩訶薩欲
이시보현보살마하살욕

重明此義而說頌言
중명차의이설송언

正覺了知一切法
정각요지일체법

無二離二悉平等
무이이이실평등

自性清淨如虛空
자성청정여허공

我與非我不分別
아여비아불분별

如海印現衆生身
여해인현중생신

以此說其爲大海
이차설기위대해

菩提普印諸心行
보리보인제심행

사경의 공덕은 십만억 부처님께 공양한 것과 같은 공덕이 있습니다.

是故說名爲正覺 (시고설명위정각)
譬如世界有成敗 (비여세계유성패)
而於虛空不增減 (이어허공부증감)
一切諸佛出世間 (일체제불출세간)
菩提一相恒無相 (보리일상항무상)
如人化心化作佛 (여인화심화작불)
化與不化性無異 (화여불화성무이)

一切衆生成菩提 (일체중생성보리)

成與不成無增減 (성여불성무증감)

佛有三昧名善覺 (불유삼매명선각)

菩提樹下入此定 (보리수하입차정)

放衆生等無量光 (방중생등무량광)

開悟群品如蓮敷 (개오군품여연부)

如三世劫刹衆生 (여삼세겁찰중생)

所有心念及根欲
소유심념급근욕

如是數等身皆現
여시수등신개현

是故正覺名無量
시고정각명무량

佛子菩薩摩訶薩應云何
불자보살마하살응운하

知如來應正等覺轉法輪佛
지여래응정등각전법륜불

子菩薩摩訶薩應如是知如
자보살마하살응여시지여

來以心自在力無起無轉而
래이심자재력무기무전이

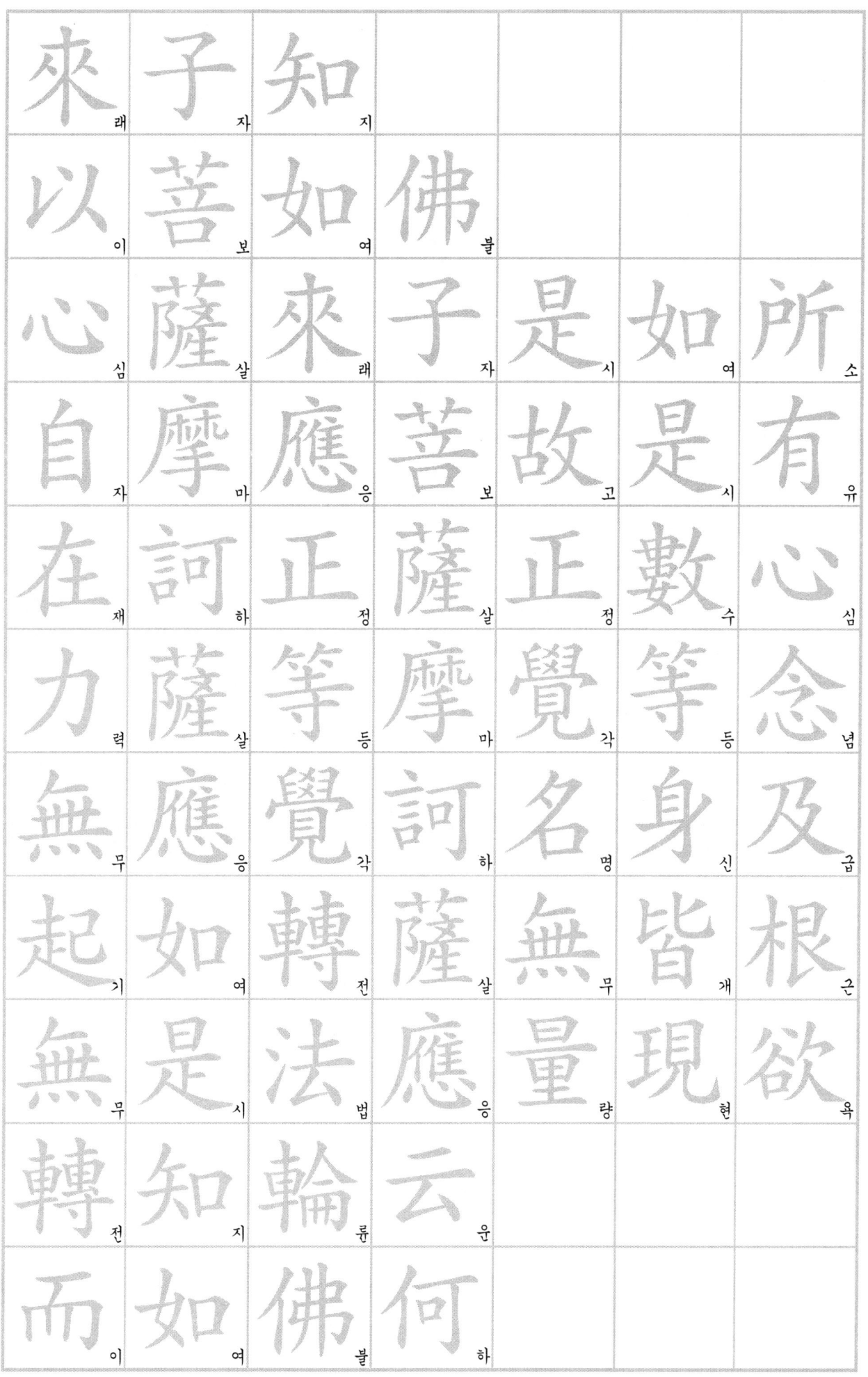

轉(전)法(법)輪(륜)知(지)一(일)切(체)法(법)恒(항)無(무)起(기)故(고)
以(이)三(삼)種(종)轉(전)斷(단)所(소)應(응)斷(단)而(이)轉(전)法(법)
輪(륜)知(지)一(일)切(체)法(법)離(이)邊(변)見(견)故(고)離(이)欲(욕)
際(제)非(비)際(제)而(이)轉(전)法(법)輪(륜)入(입)一(일)切(체)法(법)
虛(허)空(공)際(제)故(고)無(무)有(유)言(언)說(설)而(이)轉(전)法(법)
輪(륜)知(지)一(일)切(체)法(법)不(불)可(가)說(설)故(고)究(구)竟(경)
寂(적)滅(멸)而(이)轉(전)法(법)輪(륜)知(지)一(일)切(체)法(법)涅(열)

槃(반) 性(성) 故(고) 以(이) 一(일) 切(체) 文(문) 字(자) 一(일) 切(체) 言(언)
語(어) 而(이) 轉(전) 法(법) 輪(륜) 如(여) 來(래) 音(음) 聲(성) 無(무) 處(처)
不(부) 至(지) 故(고) 知(지) 聲(성) 如(여) 響(향) 而(이) 轉(전) 法(법) 輪(륜)
了(료) 於(어) 諸(제) 法(법) 眞(진) 實(실) 性(성) 故(고) 於(어) 一(일) 音(음)
中(중) 出(출) 一(일) 切(체) 音(음) 而(이) 轉(전) 法(법) 輪(륜) 畢(필) 竟(경)
無(무) 主(주) 故(고) 無(무) 遺(유) 無(무) 盡(진) 而(이) 轉(전) 法(법) 輪(륜)
內(내) 外(외) 無(무) 着(착) 故(고)

入 입	文 문	子 자	顯 현	輪 륜	盡 진	
一 일	字 자	如 여	示 시	亦 역	未 미	佛 불
切 체	而 이	來 래	無 무	復 부	來 래	子 자
事 사	無 무	法 법	有 유	如 여	劫 겁	譬 비
一 일	所 소	輪 륜	休 휴	是 시	說 설	如 여
切 체	住 주	悉 실	息 식	一 일	不 불	一 일
語 어	譬 비	入 입	無 무	切 체	可 가	切 체
一 일	如 여	一 일	有 유	文 문	盡 진	文 문
切 체	書 서	切 체	窮 궁	字 자	佛 불	字 자
算 산	字 자	語 어	盡 진	安 안	轉 전	語 어
數 수	普 보	言 언	佛 불	立 립	法 법	言 언

一切世間出世間處而無所
일체세간출세간처이무소

住如來音聲亦復如是普入
주여래음성역부여시보입

一切處一切衆生一切法一
일체처일체중생일체법일

切業一切報中而無所住一
체업일체보중이무소주일

切衆生種種語言皆悉不離
체중생종종어언개실불리

如來法輪何以故言音實相
여래법륜하이고언음실상

卽法輪故
즉법륜고

佛子菩薩摩訶薩於如來
불자보살마하살어여래

轉法輪應如是知復次佛子
전법륜응여시지부차불자

菩薩摩訶薩欲知如來所轉
보살마하살욕지여래소전

法輪應知如來法輪所出生
법륜응지여래법륜소출생

處何等爲如來法輪所出生
처하등위여래법륜소출생

處佛子如來隨一切衆生心
처불자여래수일체중생심

行欲樂無量差別出若干音
행욕락무량차별출약간음

聲(성)而(이)轉(전)法(법)輪(륜)

佛(불)子(자)如(여)來(래)應(응)正(정)等(등)覺(각)有(유)三(삼)

昧(매)名(명)究(구)竟(경)無(무)礙(애)無(무)畏(외)入(입)此(차)三(삼)

昧(매)已(이)於(어)成(성)正(정)覺(각)一(일)一(일)身(신)一(일)一(일)

口(구)各(각)出(출)一(일)切(체)衆(중)生(생)數(수)等(등)言(언)音(음)

一(일)一(일)音(음)中(중)衆(중)音(음)具(구)足(족)各(각)各(각)差(차)

別(별)而(이)轉(전)法(법)輪(륜)令(영)一(일)切(체)衆(중)生(생)皆(개)

生歡喜能如是知轉法輪者
생환희능여시지전법륜자

當知此人則爲隨順一切佛
당지차인즉위수순일체불

法不如是知則非隨順佛子
법불여시지즉비수순불자

諸菩薩摩訶薩應如是知佛
제보살마하살응여시지불

轉法輪普入無量衆生界故
전법륜보입무량중생계고

爾時普賢菩薩摩訶薩欲
이시보현보살마하살욕

重明此義而說頌言
중명차의이설송언

如來法輪無所轉
여래법륜무소전

三世無起亦無得
삼세무기역무득

譬如文字無盡時
비여문자무진시

十力法輪亦如是
십력법륜역여시

如字普入而無至
여자보입이무지

正覺法輪亦復然
정각법륜역부연

入諸言音無所入
입제언음무소입

能令衆生悉歡喜 (능령중생실환희)
佛有三昧名究竟 (불유삼매명구경)
入此定已乃說法 (입차정이내설법)
一切衆生無有邊 (일체중생무유변)
普出其音令悟解 (보출기음령오해)
一一音中復更演 (일일음중부경연)
無量言音各差別 (무량언음각차별)

사경의 공덕은 십만억 부처님께 공양한 것과 같은 공덕이 있습니다.

於(어)世(세)自(자)在(재)無(무)分(분)別(별)

隨(수)其(기)欲(욕)樂(락)普(보)使(사)聞(문)

文(문)字(자)不(부)從(종)內(내)外(외)出(출)

亦(역)不(부)失(실)壞(괴)無(무)積(적)聚(취)

而(이)爲(위)衆(중)生(생)轉(전)法(법)輪(륜)

如(여)是(시)自(자)在(재)甚(심)奇(기)特(특)

佛(불)子(자)菩(보)薩(살)摩(마)訶(하)薩(살)應(응)云(운)何(하)

사경의 공덕은 십만억 부처님께 공양한 것과 같은 공덕이 있습니다.

亦 역	如 여	是 시	如 여	涅 열	子 자	知 지
如 여	是 시	如 여	眞 진	槃 반	菩 보	如 여
是 시	如 여	實 실	如 여	者 자	薩 살	來 래
如 여	法 법	際 제	涅 열	當 당	摩 마	應 응
虛 허	界 계	涅 열	槃 반	須 수	訶 하	正 정
空 공	涅 열	槃 반	如 여	了 료	薩 살	等 등
涅 열	槃 반	如 여	來 래	知 지	欲 욕	覺 각
槃 반	如 여	來 래	涅 열	根 근	知 지	般 반
如 여	來 래	涅 열	槃 반	本 본	如 여	涅 열
來 래	涅 열	槃 반	亦 역	自 자	來 래	槃 반
涅 열	槃 반	亦 역	如 여	性 성	大 대	佛 불

槃 반	如 여	性 성	涅 열	如 여	涅 열	槃 반
亦 역	一 일	際 제	槃 반	來 래	槃 반	亦 역
如 여	切 체	涅 열	如 여	涅 열	亦 역	如 여
是 시	法 법	槃 반	來 래	槃 반	如 여	是 시
如 여	性 성	如 여	涅 열	亦 역	是 시	如 여
眞 진	際 제	來 래	槃 반	如 여	如 여	法 법
如 여	涅 열	涅 열	亦 역	是 시	離 이	性 성
際 제	槃 반	槃 반	如 여	如 여	欲 욕	涅 열
涅 열	如 여	亦 역	是 시	無 무	際 제	槃 반
槃 반	來 래	如 여	如 여	相 상	涅 열	如 여
如 여	涅 열	是 시	我 아	際 제	槃 반	來 래

來涅槃亦如是何以故涅槃
無生無出故若法無生無出
則無有滅
佛子如來不爲菩薩說諸
如來究竟涅槃亦不爲彼示
現其事何以爲欲令見一
切如來常住其前於一念中

見過去未來一切諸佛色相
圓滿皆如現在亦不起二不
二想何以故菩薩摩訶薩永
離一切諸想着故

佛子諸佛如來爲令衆生
生欣樂故出現於世欲令衆
生生戀慕故示現涅槃而實

如來無有出世亦無涅槃何 (여래무유출세역무열반하)

以故如來常住清淨法界隨 (이고여래상주청정법계수)

衆生心示現涅槃 (중생심시현열반)

佛子譬如日出普照世間 (불자비여일출보조세간)

於一切淨水器中影無不現 (어일체정수기중영무불현)

普徧衆處而無來往或一器 (보변중처이무래왕혹일기)

破便不現影佛子於汝意云 (파편불현영불자어여의운)

何(하) 彼(피) 影(영) 不(불) 現(현) 爲(위) 日(일) 咎(구) 不(부) 答(답) 言(언)
不(불) 也(야) 但(단) 由(유) 器(기) 壞(괴) 非(비) 日(일) 有(유) 咎(구) 佛(불)
子(자) 如(여) 來(래) 智(지) 日(일) 亦(역) 復(부) 如(여) 是(시) 普(보) 現(현)
法(법) 界(계) 無(무) 前(전) 無(무) 後(후) 一(일) 切(체) 衆(중) 生(생) 淨(정)
心(심) 器(기) 中(중) 佛(불) 無(무) 不(불) 現(현) 心(심) 器(기) 常(상) 淨(정)
常(상) 見(견) 佛(불) 身(신) 若(약) 心(심) 濁(탁) 器(기) 破(파) 則(즉) 不(불)
得(득) 見(견)

間 간	火 화	世 세	滅 멸	槃 반	而 이	
火 화	息 식	間 간	度 도	而 이	得 득	佛 불
皆 개	滅 멸	能 능	佛 불	實 실	度 도	子 자
滅 멸	於 어	爲 위	子 자	如 여	者 자	若 약
耶 야	意 의	火 화	譬 비	來 래	如 여	有 유
答 답	云 운	事 사	如 여	無 무	來 래	衆 중
言 언	何 하	或 혹	火 화	生 생	則 즉	生 생
不 불	豈 기	時 시	大 대	無 무	爲 위	應 응
也 야	一 일	一 일	於 어	歿 몰	示 시	以 이
	切 체	處 처	一 일	無 무	現 현	涅 열
	世 세	其 기	切 체	有 유	涅 열	槃 반

사경의 공덕은 십만억 부처님께 공양한 것과 같은 공덕이 있습니다.

佛子如來應正等覺亦復
如是於一切世界施作佛事
或於一世界能事已畢示入
涅槃豈一切世界諸佛如來
悉皆滅度佛子菩薩摩訶薩
應如是知如來應正等覺大
般涅槃復次佛子譬如幻師

善明幻術以幻術力於三千
선명환술이환술력어삼천

大千世界一切國土城邑聚
대천세계일체국토성읍취

落示現幻身以幻力持經劫
락시현환신이환력지경겁

而住然於餘處幻事已訖隱
이주연어여처환사이흘은

身不現佛子於汝意云何彼
신불현불자어여의운하피

大幻師豈於一處隱身不現
대환사기어일처은신불현

便一切處皆隱滅耶答言不
편일체처개은멸야답언불

사경의 공덕은 십만억 부처님께 공양한 것과 같은 공덕이 있습니다.

也
야

佛子如來應正等覺亦復
불자여래응정등각역부

如是善知無量智慧方便種
여시선지무량지혜방편종

種幻術於一切法界普現其
종환술어일체법계보현기

身持令常住盡未來際或於
신지영상주진미래제혹어

一處隨衆生心所作事訖示
일처수중생심소작사흘시

現涅槃豈以一處示入涅槃
현열반기이일처시입열반

百 백	三 삼	示 시		正 정	薩 살	便 편
千 천	昧 매	涅 열	復 부	等 등	摩 마	謂 위
億 억	已 이	槃 반	次 차	覺 각	訶 하	一 일
那 나	於 어	時 시	佛 불	大 대	薩 살	切 체
由 유	一 일	入 입	子 자	般 반	應 응	悉 실
他 타	一 일	不 부	如 여	涅 열	如 여	皆 개
大 대	身 신	動 동	來 래	槃 반	是 시	滅 멸
光 광	各 각	三 삼	應 응		知 지	度 도
明 명	放 방	昧 매	正 정		如 여	佛 불
一 일	無 무	入 입	等 등		來 래	子 자
一 일	量 량	此 차	覺 각		應 응	菩 보

사경의 공덕은 십만억 부처님께 공양한 것과 같은 공덕이 있습니다.

之 지	具 구	身 신	上 상	一 일	蓮 연	光 광
所 소	上 상	數 수	皆 개	一 일	華 화	明 명
生 생	妙 묘	正 정	有 유	華 화	各 각	各 각
起 기	功 공	與 여	如 여	蘂 예	有 유	出 출
若 약	德 덕	一 일	來 래	有 유	不 불	阿 아
有 유	莊 장	切 체	結 결	師 사	可 가	僧 승
衆 중	嚴 엄	衆 중	跏 가	子 자	說 설	祇 기
生 생	從 종	生 생	趺 부	座 좌	妙 묘	蓮 연
善 선	本 본	數 수	坐 좌	一 일	寶 보	華 화
根 근	願 원	等 등	其 기	一 일	華 화	一 일
熟 숙	力 력	皆 개	佛 불	座 좌	蘂 예	一 일

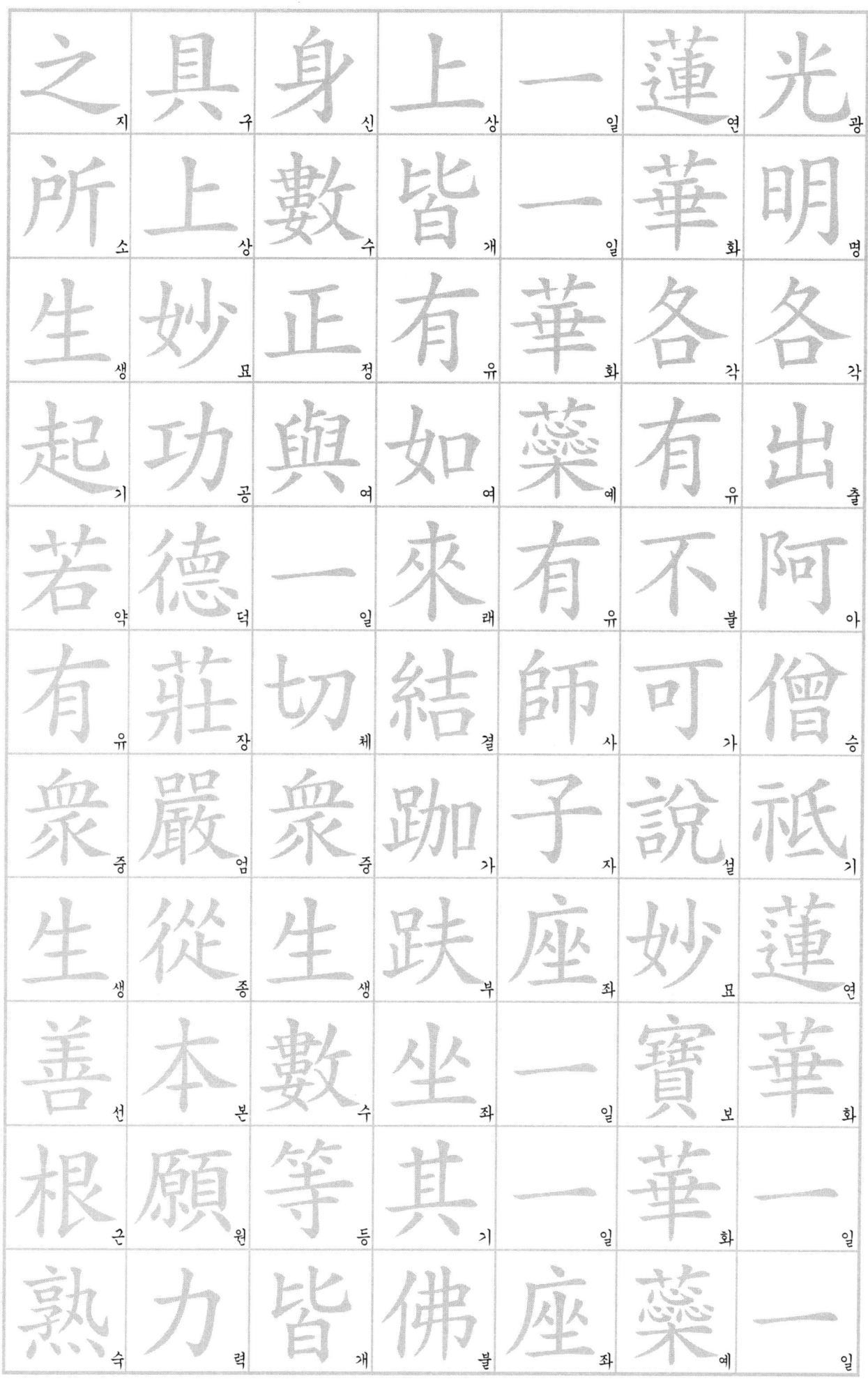

摩 마	力 력	非 비		宜 의	佛 불	者 자
訶 하	衆 중	實 실	佛 불	化 화	身 신	見 견
薩 살	生 생	非 비	子 자	度 도	盡 진	佛 불
應 응	堪 감	虛 허	如 여	一 일	未 미	身 신
如 여	度 도	但 단	來 래	切 체	來 래	已 이
是 시	則 즉	以 이	身 신	衆 중	際 제	則 즉
知 지	便 편	諸 제	者 자	生 생	究 구	皆 개
如 여	出 출	佛 불	無 무	未 미	竟 경	受 수
來 래	現 현	本 본	有 유	曾 증	安 안	化 화
應 응	菩 보	誓 서	方 방	失 실	住 주	然 연
正 정	薩 살	願 원	處 처	時 시	隨 수	彼 피

等覺大般涅槃佛子如來住
於無量無礙究竟法界虛空
界眞如法性無生無滅及以
實際爲諸衆生隨時示現本
願持故無有休息不捨一切
衆生一切刹一切法
爾時普賢菩薩摩訶薩欲

重明此義而說頌言
중명차의이설송언

如日舒光照法界
여일서광조법계

器壞水漏影隨滅
기괴수루영수멸

最勝智日亦如是
최승지일역여시

衆生無信見涅槃
중생무신견열반

如火世間作火事
여화세간작화사

於一城邑或時息
어일성읍혹시식

人中最勝徧法界 (인중최승변법계)
化事訖處示終盡 (화사흘처시종진)
幻師現身一切刹 (환사현신일체찰)
能事畢處則便謝 (능사필처칙편사)
如來化訖亦復然 (여래화흘역부연)
於餘國土常見佛 (어여국토상견불)
佛有三昧名不動 (불유삼매명부동)

化衆生訖入此定 (화중생흘입차정)
一念身放無量光 (일념신방무량광)
光出蓮華華有佛 (광출연화화유불)
佛身無數等法界 (불신무수등법계)
有福衆生所能見 (유복중생소능견)
如是無數一一身 (여시무수일일신)
壽命莊嚴皆具足 (수명장엄개구족)

如無生性佛出興
如無滅性佛涅槃
言辭譬喻悉皆斷
一切義成無與等
佛子菩薩摩訶薩應云何
知於如來應正等覺見聞親
近所種善根佛子菩薩摩訶

사경의 공덕은 십만억 부처님께 공양한 것과 같은 공덕이 있습니다.

薩(살) 應(응) 知(지) 於(어) 如(여) 來(래) 所(소) 見(견) 聞(문) 親(친) 近(근)

所(소) 種(종) 善(선) 根(근) 皆(개) 悉(실) 不(불) 虛(허) 出(출) 生(생) 無(무)

盡(진) 覺(각) 慧(혜) 故(고) 離(이) 於(어) 一(일) 切(체) 障(장) 難(난) 故(고)

決(결) 定(정) 至(지) 於(어) 究(구) 竟(경) 故(고) 無(무) 有(유) 虛(허) 誑(광)

故(고) 一(일) 切(체) 願(원) 滿(만) 故(고) 不(부) 盡(진) 有(유) 爲(위) 行(행)

故(고) 隨(수) 順(순) 無(무) 爲(위) 智(지) 故(고) 生(생) 諸(제) 佛(불) 智(지)

故(고) 盡(진) 未(미) 來(래) 際(제) 故(고) 成(성) 一(일) 切(체) 種(종) 勝(승)

爲 위	善 선	穢 예	外 외	終 종		行 행
諸 제	根 근	而 이	何 하	竟 경	佛 불	故 고
行 행	亦 역	同 동	以 이	不 불	子 자	到 도
煩 번	復 부	止 지	故 고	消 소	譬 비	無 무
惱 뇌	如 여	故 고	金 금	要 요	如 여	功 공
身 신	是 시	於 어	剛 강	穿 천	丈 장	用 용
過 과	要 요	如 여	不 불	其 기	夫 부	智 지
到 도	穿 천	來 래	與 여	身 신	食 식	地 지
於 어	一 일	所 소	肉 육	出 출	少 소	故 고
無 무	切 체	種 종	身 신	在 재	金 금	
爲 위	有 유	少 소	雜 잡	於 어	剛 강	

究竟智處何以故此少善根
구경지처하이고차소선근

不與有爲諸行煩惱而共住
불여유위제행번뇌이공주

故
고

佛子假使乾草積同須彌
불자가사건초적동수미

投火於中如芥子許必皆燒
투화어중여개자허필개소

盡何以故火能燒故於如來
진하이고화능소고어여래

所種少善根亦復如是必能
소종소선근역부여시필능

燒盡一切煩惱究竟得於無
소진일체번뇌구경득어무

餘涅槃何以故此少善根性
여열반하이고차소선근성

究竟故
구경고

佛子譬如雪山有藥王樹
불자비여설산유약왕수

名曰善見若有見者眼得清
명왈선견약유견자안득청

淨若有聞者耳得清淨若有
정약유문자이득청정약유

齅者鼻得清淨若有嘗者舌
후자비득청정약유상자설

사경의 공덕은 십만억 부처님께 공양한 것과 같은 공덕이 있습니다.

聞 문	如 여	作 작	等 등	作 작	若 약	得 득
如 여	來 래	一 일	覺 각	除 제	有 유	清 청
來 래	色 색	切 체	無 무	病 병	衆 중	淨 정
名 명	身 신	饒 요	上 상	利 이	生 생	若 약
號 호	眼 안	益 익	藥 약	益 익	取 취	有 유
耳 이	得 득	衆 중	王 왕	佛 불	彼 피	觸 촉
得 득	清 청	生 생	亦 역	子 자	地 지	者 자
清 청	淨 정	若 약	復 부	如 여	土 토	身 신
淨 정	若 약	有 유	如 여	來 래	亦 역	得 득
若 약	有 유	得 득	是 시	應 응	能 능	清 청
有 유	得 득	見 견	能 능	正 정	爲 위	淨 정

사경의 공덕은 십만억 부처님께 공양한 것과 같은 공덕이 있습니다.

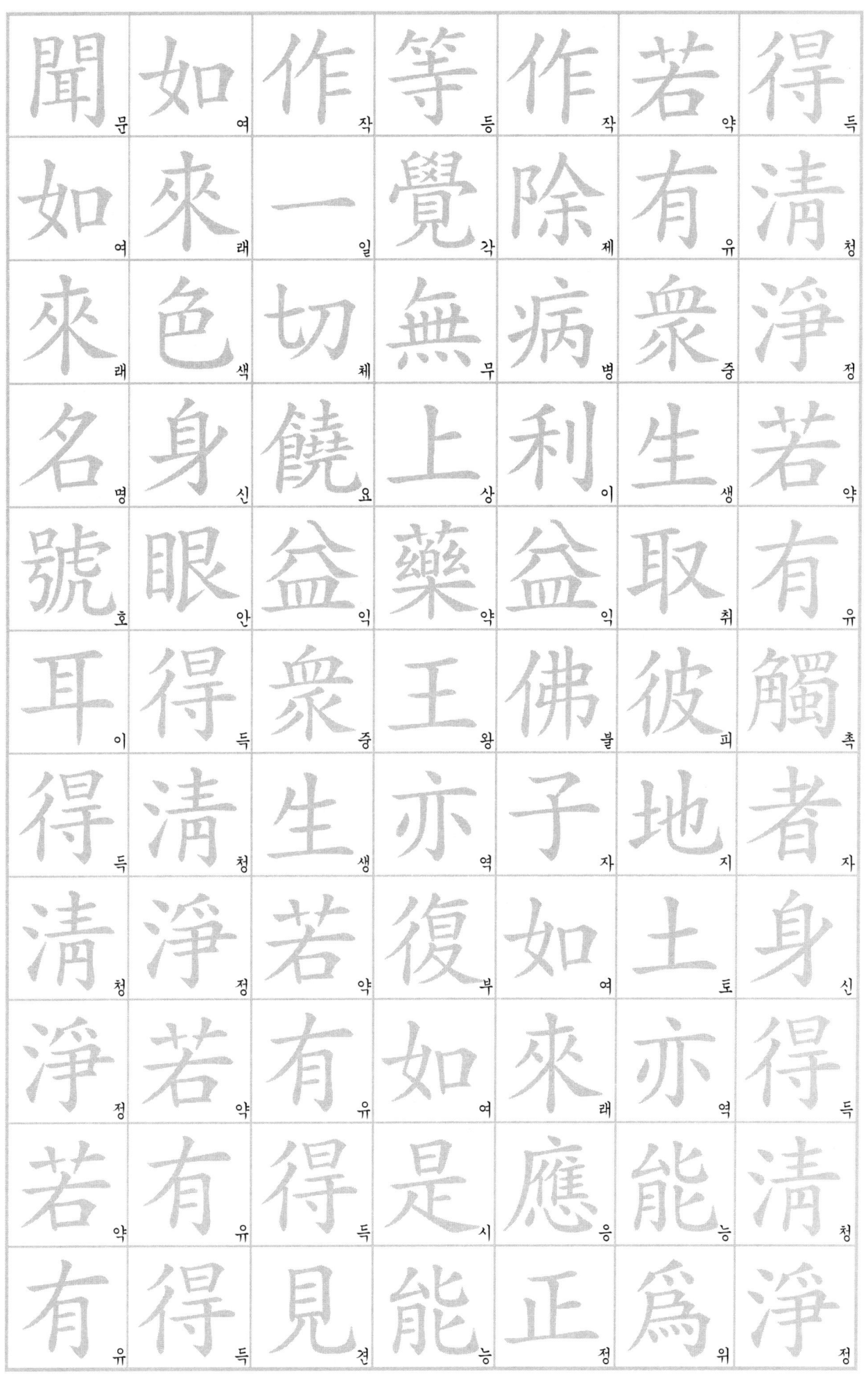

若 약	憶 억	獲 획	觸 촉	具 구	有 유	得 득
有 유	念 념	得 득	如 여	廣 광	得 득	齅 후
衆 중	者 자	無 무	來 래	長 장	嘗 상	如 여
生 생	則 즉	上 상	光 광	舌 설	如 여	來 래
供 공	得 득	法 법	者 자	解 해	來 래	戒 계
養 양	念 념	身 신	身 신	語 어	法 법	香 향
如 여	佛 불	若 약	得 득	言 언	味 미	鼻 비
來 래	三 삼	於 어	清 청	法 법	舌 설	得 득
所 소	昧 매	如 여	淨 정	若 약	得 득	清 청
經 경	清 청	來 래	究 구	有 유	清 청	淨 정
土 토	淨 정	生 생	竟 경	得 득	淨 정	若 약

사경의 공덕은 십만억 부처님께 공양한 것과 같은 공덕이 있습니다.

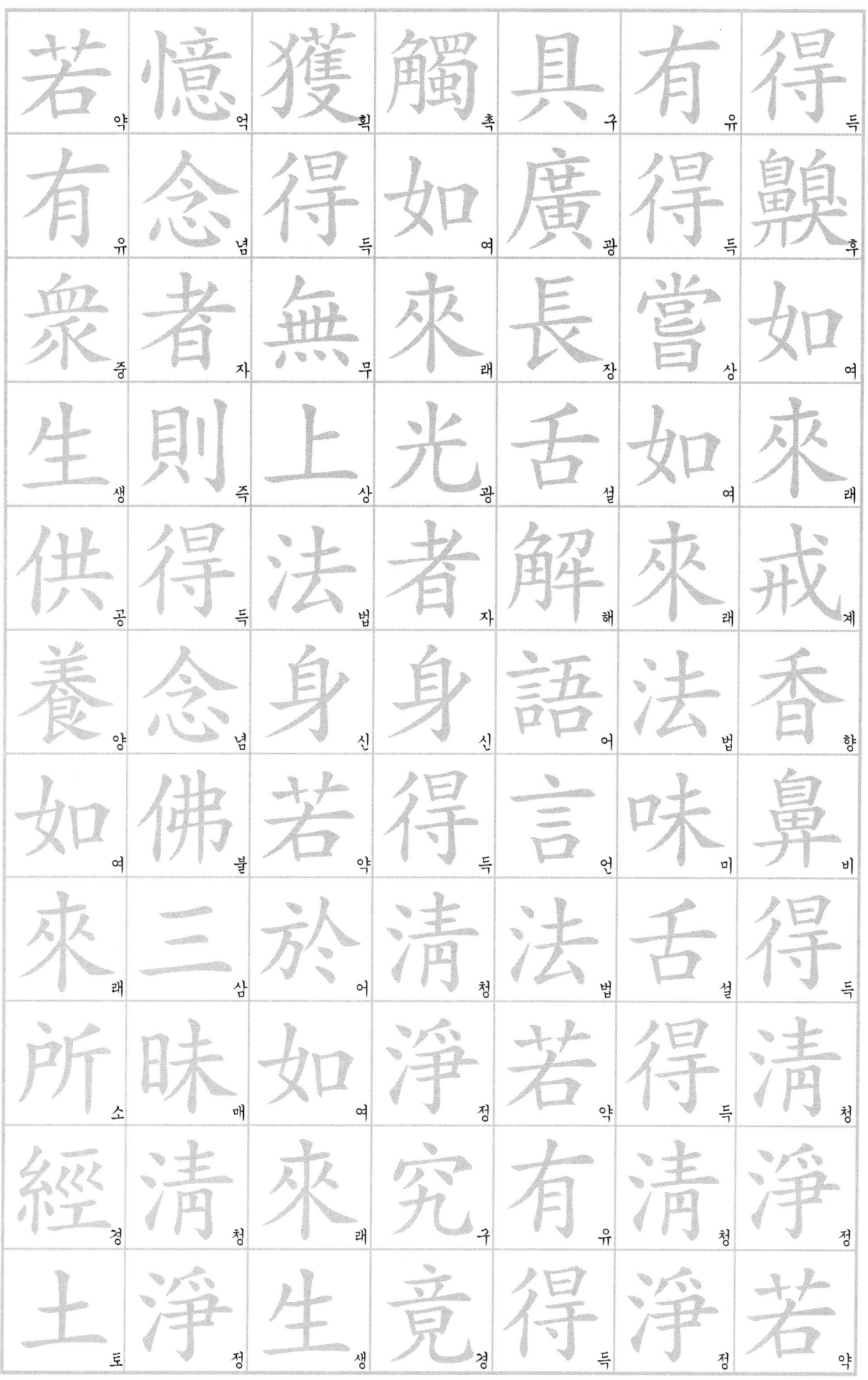

地(지)及(급)塔(탑)廟(묘)者(자)亦(역)具(구)善(선)根(근)滅(멸)除(제)
一(일)切(체)諸(제)煩(번)惱(뇌)患(환)得(득)賢(현)聖(성)樂(락)
佛(불)子(자)我(아)今(금)告(고)汝(여)設(설)有(유)衆(중)生(생)
見(견)聞(문)於(어)佛(불)業(업)障(장)纏(전)覆(복)不(불)生(생)信(신)
樂(락)亦(역)種(종)善(선)根(근)無(무)空(공)過(과)者(자)乃(내)至(지)
究(구)竟(경)入(입)於(어)涅(열)槃(반)佛(불)子(자)菩(보)薩(살)摩(마)
訶(하)薩(살)應(응)如(여)是(시)知(지)於(어)如(여)來(래)所(소)見(견)

聞親近所種善根悉離一切
諸不善法具足善法
佛子如來以一切譬喩說
種種事無有譬喩能說此法
何以故心智路絶不思議故
諸佛菩薩但隨衆生心令其
歡喜爲說譬喩非是究竟

能 능	壞 괴	切 체	名 명	知 지	密 밀	
淨 정	名 명	菩 보	示 시	名 명	之 지	佛 불
一 일	一 일	薩 살	現 현	入 입	處 처	子 자
切 체	向 향	名 명	如 여	如 여	名 명	此 차
諸 제	隨 수	一 일	來 래	來 래	一 일	法 법
衆 중	順 순	切 체	種 종	印 인	切 체	門 문
生 생	如 여	世 세	性 성	名 명	世 세	名 명
界 계	來 래	間 간	名 명	開 개	間 간	爲 위
名 명	境 경	所 소	成 성	大 대	所 소	如 여
演 연	界 계	不 불	就 취	智 지	不 불	來 래
說 설	名 명	能 능	一 일	門 문	能 능	秘 비

如來根本實性不思議究竟法
여래근본실성부사의구경법

佛子此法門如來不爲餘衆生說唯爲趣向大乘菩薩說
불자차법문여래불위여중생설유위취향대승보살설

唯爲乘不思議乘菩薩說此法門不入一切餘衆生手
유위승부사의승보살설차법문불입일체여중생수

唯除諸菩薩摩訶薩
유제제보살마하살

佛(불) 子(자) 譬(비) 如(여) 轉(전) 輪(륜) 聖(성) 王(왕) 所(소) 有(유)

七(칠) 寶(보) 因(인) 此(차) 寶(보) 故(고) 顯(현) 示(시) 輪(륜) 王(왕) 此(차)

寶(보) 不(불) 入(입) 餘(여) 衆(중) 生(생) 手(수) 唯(유) 除(제) 第(제) 一(일)

夫(부) 人(인) 所(소) 生(생) 太(태) 子(자) 具(구) 足(족) 成(성) 就(취) 聖(성)

王(왕) 相(상) 者(자) 若(약) 轉(전) 輪(륜) 王(왕) 無(무) 此(차) 太(태) 子(자)

具(구) 衆(중) 德(덕) 者(자) 王(왕) 命(명) 終(종) 後(후) 此(차) 諸(제) 寶(보)

等(등) 於(어) 七(칠) 日(일) 中(중) 悉(실) 皆(개) 散(산) 滅(멸) 佛(불) 子(자)

此(차)經(경)珍(진)寶(보)亦(역)復(부)如(여)是(시)不(불)入(입)一(일)
切(체)餘(여)衆(중)生(생)手(수)唯(유)除(제)如(여)來(래)法(법)王(왕)
眞(진)子(자)生(생)如(여)來(래)家(가)種(종)如(여)來(래)相(상)諸(제)
善(선)根(근)者(자)佛(불)子(자)若(약)無(무)此(차)等(등)佛(불)之(지)
眞(진)子(자)如(여)是(시)法(법)門(문)不(불)久(구)散(산)滅(멸)何(하)
以(이)故(고)一(일)切(체)二(이)乘(승)不(불)聞(문)此(차)經(경)何(하)
況(황)受(수)持(지)讀(독)誦(송)書(서)寫(사)分(분)別(별)解(해)說(설)

사경의 공덕은 십만억 부처님께 공양한 것과 같은 공덕이 있습니다.

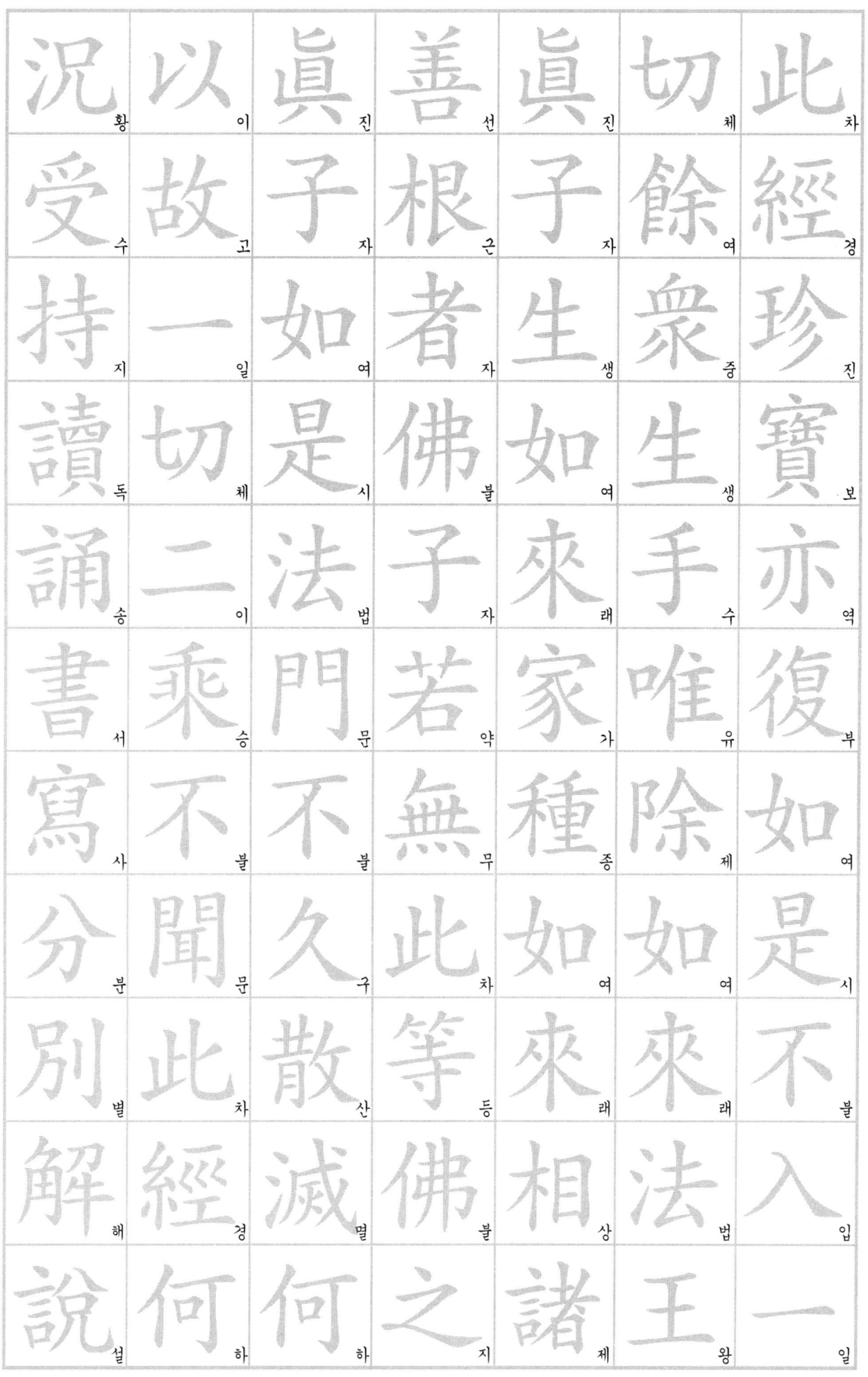

唯諸菩薩乃能如是
유제보살내능여시

是故菩薩摩訶薩聞
시고보살마하살문

門應大歡喜以尊重心恭敬
문응대환희이존중심공경

頂受何以故菩薩摩訶薩信
정수하이고보살마하살신

樂此經疾得阿耨多羅三藐
락차경질득아뇩다라삼먁

三菩提故佛子設有菩薩於
삼보리고불자설유보살어

無量百千億那由他劫行六
무량백천억나유타겁행육

사경의 공덕은 십만억 부처님께 공양한 것과 같은 공덕이 있습니다.

障 장	聞 문	薩 살	不 불	德 덕	若 약	波 바
無 무	此 차	以 이	順 순	法 법	未 미	羅 라
礙 애	如 여	不 불	不 불	門 문	聞 문	蜜 밀
智 지	來 래	能 능	入 입	或 혹	此 차	修 수
慧 혜	無 무	生 생	不 부	時 시	如 여	習 습
法 법	量 량	如 여	得 득	聞 문	來 래	種 종
門 문	不 부	來 래	名 명	已 이	不 부	種 종
聞 문	可 가	家 가	爲 위	不 불	思 사	菩 보
已 이	思 사	故 고	眞 진	信 신	議 의	提 리
信 신	議 의	若 약	實 실	不 불	大 대	分 분
解 해	無 무	得 득	菩 보	解 해	威 위	法 법

사경의 공덕은 십만억 부처님께 공양한 것과 같은 공덕이 있습니다.

隨順悟入當知此人生如來
수 순 오 입 당 지 차 인 생 여 래

家隨順一切如來境界具足
가 수 순 일 체 여 래 경 계 구 족

一切諸菩薩法安住一切種
일 체 제 보 살 법 안 주 일 체 종

智境界遠離一切諸世間法
지 경 계 원 리 일 체 제 세 간 법

出生一切如來所行通達一
출 생 일 체 여 래 소 행 통 달 일

切菩薩法性於佛自在心無
체 보 살 법 성 어 불 자 재 심 무

礙惑住無師法深入如來無
애 혹 주 무 사 법 심 입 여 래 무

礙(애) 境(경) 界(계)

佛(불) 子(자) 菩(보) 薩(살) 摩(마) 訶(하) 薩(살) 聞(문) 此(차) 法(법)

已(이) 則(즉) 能(능) 以(이) 平(평) 等(등) 智(지) 知(지) 無(무) 量(량) 法(법)

則(즉) 能(능) 以(이) 正(정) 直(직) 心(심) 離(이) 諸(제) 分(분) 別(별) 則(즉)

能(능) 以(이) 勝(승) 欲(욕) 樂(락) 現(현) 見(견) 諸(제) 佛(불) 則(즉) 能(능)

以(이) 作(작) 意(의) 力(력) 入(입) 平(평) 等(등) 虛(허) 空(공) 界(계) 則(즉)

能(능) 以(이) 自(자) 在(재) 念(념) 行(행) 無(무) 邊(변) 法(법) 界(계) 則(즉)

能(능)以(이)智(지)慧(혜)力(력)具(구)一(일)切(체)功(공)德(덕)則(즉)
能(능)以(이)自(자)然(연)智(지)離(이)一(일)切(체)世(세)間(간)垢(구)
則(즉)能(능)以(이)菩(보)提(제)心(심)入(입)一(일)切(체)十(시)方(방)
網(망)則(즉)能(능)以(이)大(대)觀(관)察(찰)知(지)三(삼)世(세)諸(제)
佛(불)同(동)一(일)體(체)性(성)則(즉)能(능)以(이)善(선)根(근)迴(회)
向(향)智(지)普(보)入(입)如(여)是(시)法(법)不(불)入(입)而(이)入(입)
不(불)於(어)一(일)法(법)而(이)有(유)攀(반)緣(연)恒(항)以(이)一(일)

法觀一切法佛子菩薩摩訶
법관일체법불자보살마하

薩成就如是功德少作功力
살성취여시공덕소작공력

得無師自然智
득무사자연지

爾時普賢菩薩欲重明此
이시보현보살욕중명차

義而說頌言
의이설송언

見聞供養諸如來
견문공양제여래

所得功德不可量
소득공덕불가량

사경의 공덕은 십만억 부처님께 공양한 것과 같은 공덕이 있습니다.

於有爲中終不盡
어유위중종부진

要滅煩惱離衆苦
요멸번뇌이중고

譬人呑服少金剛
비인탄복소금강

終竟不消要當出
종경불소요당출

供養十力諸功德
공양십력제공덕

滅惑必至金剛智
멸혹필지금강지

如乾草積等須彌
여건초적등수미

投芥子火悉燒盡
투개자화실소진

供養諸佛少功德
공양제불소공덕

必斷煩惱至涅槃
필단번뇌지열반

雪山有藥名善見
설산유약명선견

見聞齅觸消衆疾
견문후촉소중질

若有見聞於十力
약유견문어십력

得勝功德到佛智
득승공덕도불지

等 등	邊 변	沒 몰	東 동	那 나	十 시	
徧 변	沒 몰	北 북	踊 용	由 유	方 방	爾 이
動 동	十 십	踊 용	西 서	他 타	各 각	時 시
起 기	八 팔	南 남	沒 몰	世 세	有 유	佛 불
徧 변	相 상	沒 몰	西 서	界 계	十 십	神 신
起 기	動 동	邊 변	踊 용	六 육	不 불	力 력
等 등	所 소	踊 용	東 동	種 종	可 가	故 고
徧 변	謂 위	中 중	沒 몰	震 진	說 설	法 법
起 기	動 동	沒 몰	南 남	動 동	百 백	如 여
踊 용	徧 변	中 중	踊 용	所 소	千 천	是 시
徧 변	動 동	踊 용	北 북	謂 위	億 억	故 고

踊 용 等 등 徧 변 踊 용 震 진 徧 변 震 진 等 등 徧 변 震 진 吼 후

徧 변 吼 후 等 등 徧 변 吼 후 擊 격 徧 변 擊 격 等 등 徧 변 擊 격

雨 우 出 출 過 과 諸 제 天 천 一 일 切 체 華 화 雲 운 一 일 切 체

蓋 개 雲 운 幢 당 雲 운 幡 번 雲 운 香 향 雲 운 鬘 만 雲 운 塗 도

香 향 雲 운 莊 장 嚴 엄 具 구 雲 운 大 대 光 광 明 명 摩 마 尼 니

寶 보 雲 운 諸 제 菩 보 薩 살 讚 찬 歎 탄 雲 운 不 불 可 가 說 설

菩 보 薩 살 各 각 差 차 別 별 身 신 雲 운 雨 우 成 성 正 정 覺 각

사경의 공덕은 십만억 부처님께 공양한 것과 같은 공덕이 있습니다.

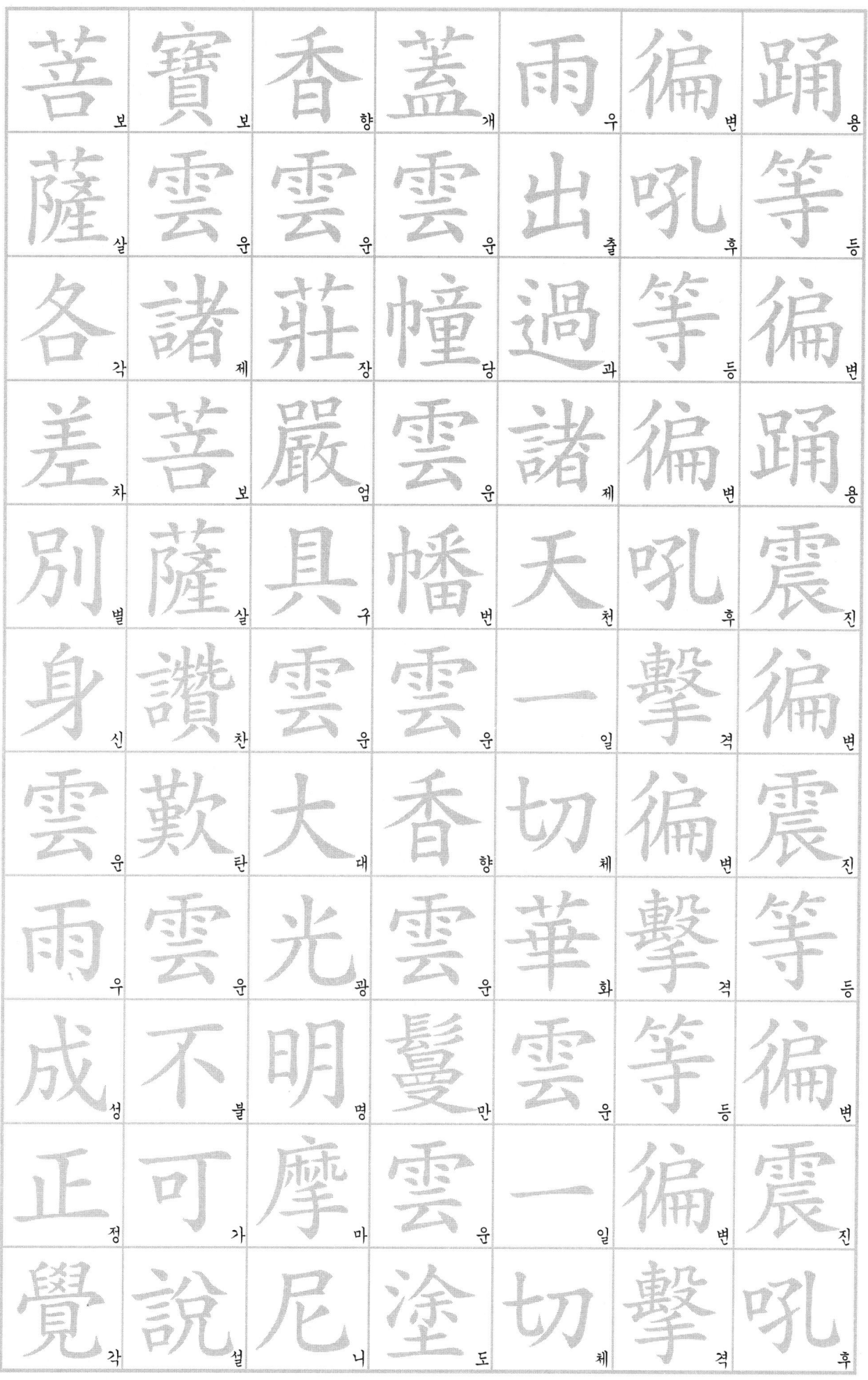

雲嚴淨不思議世界雲雨如 (운엄정부사의세계운우여)
來言語音聲雲充滿無邊法 (래언어음성운충만무변법)
界如此四天下如來神力如 (계여차사천하여래신력여)
是示現令諸菩薩皆大歡喜 (시시현령제보살개대환희)
周徧十方一切世界悉亦如 (주변시방일체세계실역여)
是 (시)
是時十方各過八十不可 (시시시방각과팔십불가)

說百千億那由他佛刹微塵
설백천억나유타불찰미진

數世界外各有八十不可說
수세계외각유팔십불가설

百千億那由他佛刹微塵數
백천억나유타불찰미진수

如來同名普賢皆現其前而
여래동명보현개현기전이

作是言善哉佛子乃能承佛
작시언선재불자내능승불

威力隨順法性演說如來出
위력수순법성연설여래출

現不思議法佛子我等十方
현부사의법불자아등시방

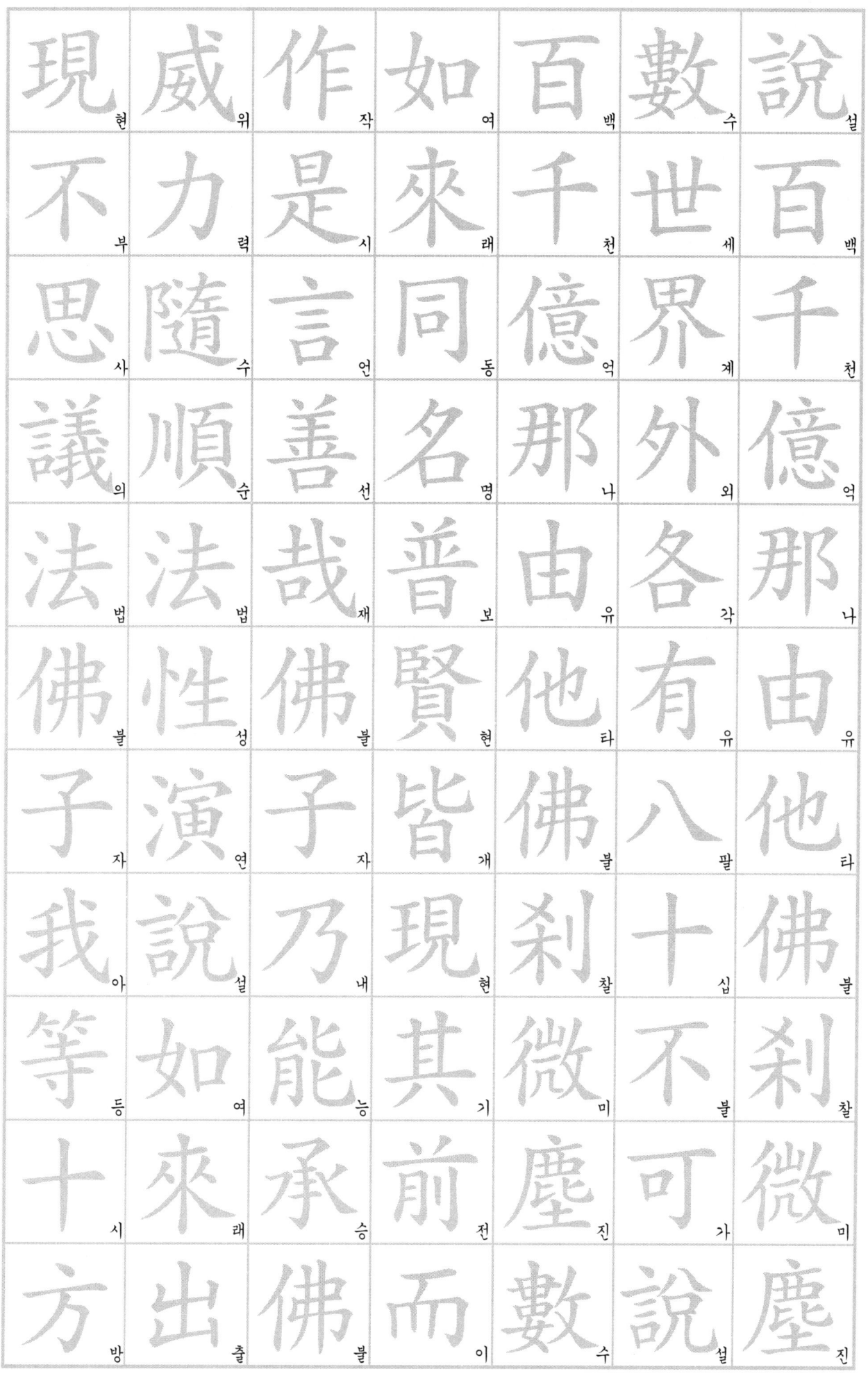

八(팔)十(십)不(불)可(가)說(설)百(백)千(천)億(억)那(나)由(유)他(타)

佛(불)刹(찰)微(미)塵(진)數(수)同(동)名(명)諸(제)佛(불)皆(개)說(설)

此(차)法(법)如(여)我(아)所(소)說(설)十(시)方(방)世(세)界(계)一(일)

切(체)諸(제)佛(불)亦(역)如(여)是(시)說(설)

佛(불)子(자)今(금)此(차)會(회)中(중)十(십)萬(만)佛(불)刹(찰)

微(미)塵(진)數(수)菩(보)薩(살)摩(마)訶(하)薩(살)得(득)一(일)切(체)

菩(보)薩(살)神(신)通(통)三(삼)昧(매)我(아)等(등)皆(개)與(여)授(수)

사경의 공덕은 십만억 부처님께 공양한 것과 같은 공덕이 있습니다.

令 영	佛 불	可 가	等 등	阿 아	三 삼	記 기
未 미	同 동	說 설	亦 역	耨 뇩	菩 보	一 일
來 래	號 호	佛 불	與 여	多 다	提 리	生 생
諸 제	佛 불	刹 찰	授 수	羅 라	佛 불	當 당
菩 보	殊 수	微 미	記 기	三 삼	刹 찰	得 득
薩 살	勝 승	塵 진	於 어	藐 먁	微 미	阿 아
聞 문	境 경	數 수	當 당	三 삼	塵 진	耨 뇩
此 차	界 계	劫 겁	來 래	菩 보	數 수	多 다
法 법	我 아	皆 개	世 세	提 리	衆 중	羅 라
故 고	等 등	得 득	經 경	心 심	生 생	三 삼
皆 개	爲 위	成 성	不 불	我 아	發 발	藐 먁

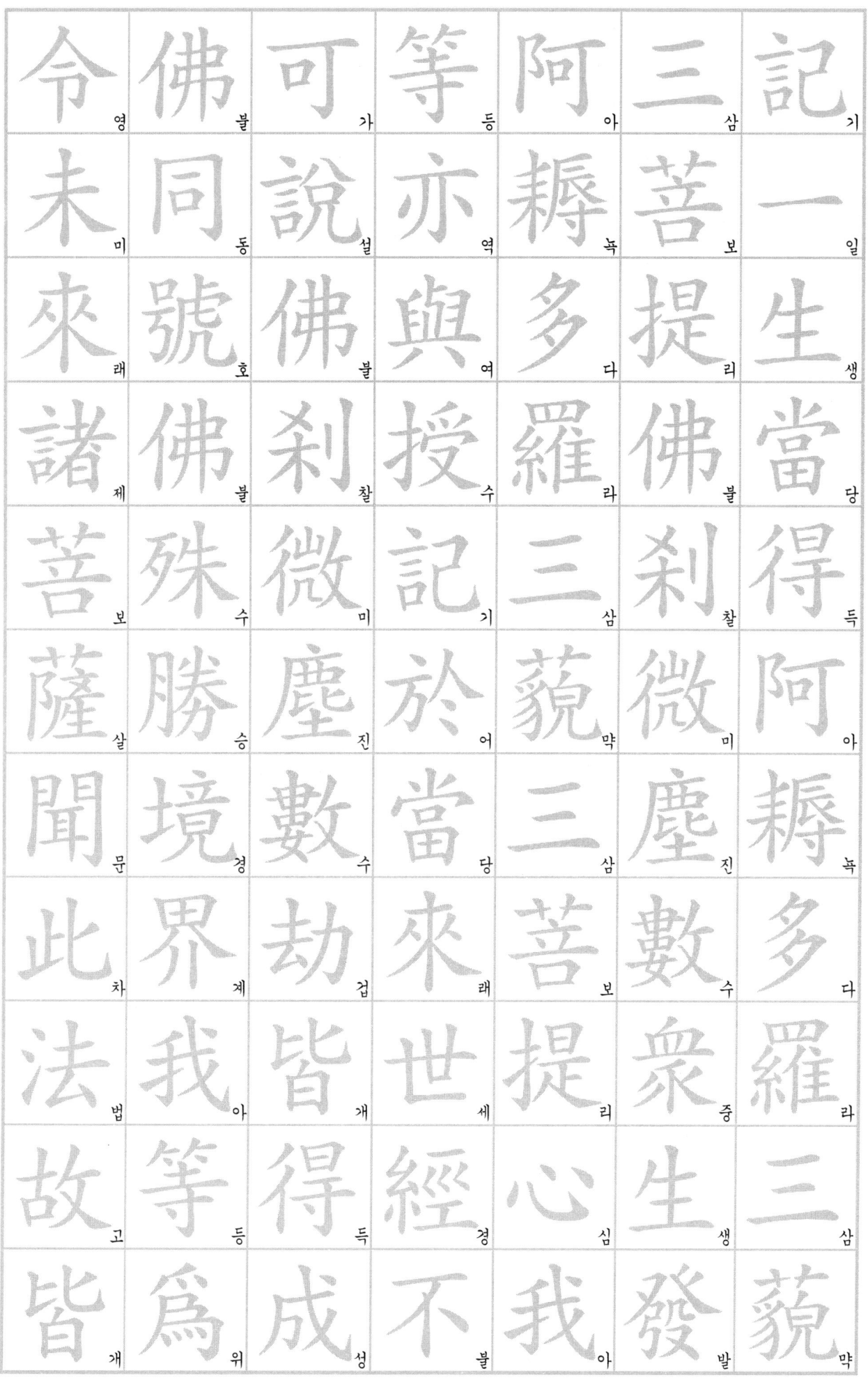

共護持如此四天下所度衆
공호지여차사천하소도중

生十方百千億那由他無數
생시방백천억나유타무수

無量乃至不可說不可說法
무량내지불가설불가설법

界虛空等一切世界中所度
계허공등일체세계중소도

衆生皆亦如是
중생개역여시

爾時十方諸佛威神力故
이시시방제불위신력고

毘盧遮那本願力故法如是
비노자나본원력고법여시

他 타	各 각	故 고	無 무	時 시	念 념	故 고
佛 불	過 과	顯 현	失 실	覺 각	故 고	善 선
刹 찰	十 십	現 현	壞 괴	悟 오	如 여	根 근
微 미	不 불	一 일	故 고	諸 제	來 래	力 력
塵 진	可 가	切 체	令 영	菩 보	應 응	故 고
數 수	說 설	智 지	得 득	薩 살	緣 연	如 여
世 세	百 백	自 자	普 보	故 고	不 부	來 래
界 계	千 천	在 재	賢 현	往 왕	失 실	起 기
外 외	億 억	故 고	廣 광	昔 석	時 시	智 지
各 각	那 나	十 시	大 대	所 소	故 고	不 불
有 유	由 유	方 방	行 행	作 작	隨 수	越 월

十不可說百千億那由他佛 (십불가설백천억나유타불)
刹微塵數菩薩來詣於此充 (찰미진수보살래예어차충)
滿十方一切法界示現菩薩 (만시방일체법계시현보살)
廣大莊嚴放大光明網震動 (광대장엄방대광명망진동)
一切十方世界壞散一切諸 (일체시방세계괴산일체제)
魔宮殿消滅一切諸惡道苦 (마궁전소멸일체제악도고)
顯現一切如來威德歌詠讚 (현현일체여래위덕가영찬)

光 광	我 아	能 능	神 신	別 별	雨 우	歎 탄
明 명	等 등	說 설	力 력	身 신	一 일	如 여
世 세	一 일	此 차	各 각	領 영	切 체	來 래
界 계	切 체	如 여	作 작	受 수	種 종	無 무
普 보	皆 개	來 래	是 시	無 무	種 종	量 량
幢 당	名 명	不 불	言 언	量 량	雨 우	差 차
自 자	普 보	可 가	善 선	諸 제	示 시	別 별
在 재	賢 현	壞 괴	哉 재	佛 불	現 현	功 공
如 여	各 각	法 법	佛 불	法 법	無 무	德 덕
來 래	從 종	佛 불	子 자	以 이	量 량	法 법
所 소	普 보	子 자	乃 내	佛 불	差 차	普 보

而來於此彼一切處亦說是
이래어차피일체처역설시

法如是文句如是義理如是
법여시문구여시의리여시

宣說如是決定皆同於此不
선설여시결정개동어차부

增不減我等皆以佛神力故
증불감아등개이불신력고

得如來法故來詣此處爲汝
득여래법고래예차처위여

作證如我來此十方等虛空
작증여아래차시방등허공

徧法界一切世界諸四天下
변법계일체세계제사천하

亦復如是
역부여시

爾時普賢菩薩承佛神力
이시보현보살승불신력

觀察一切菩薩大衆欲重明
관찰일체보살대중욕중명

如來出現廣大威德如來正
여래출현광대위덕여래정

法不可沮壞無量善根皆悉
법불가저괴무량선근개실

不空諸佛出世必具一切最
불공제불출세필구일체최

勝之法善能觀察諸衆生心
승지법선능관찰제중생심

사경의 공덕은 십만억 부처님께 공양한 것과 같은 공덕이 있습니다.

隨應說法未曾失時生諸菩
薩無量法光一切諸佛自在
莊嚴一切如來一身無異從
本大行之所生起而說頌言

一切如來諸所作
世間譬喻無能及
爲令衆生得悟解

非喩爲喩而顯示
비유위유이현시

如是微密甚深法
여시미밀심심법

百千萬劫難可聞
백천만겁난가문

精進智慧調伏者
정진지혜조복자

乃得聞此秘奧義
내득문차비오의

若聞此法生欣慶
약문차법생흔경

彼曾供養無量佛
피증공양무량불

爲佛加持所攝受
위불가지소섭수

人天讚歎常供養
인천찬탄상공양

此爲超世第一財
차위초세제일재

此能救度諸群品
차능구도제군품

此能出生淸淨道
차능출생청정도

汝等當持莫放逸
여등당지막방일

發 願 文

귀의 삼보하옵고
거룩하신 부처님께 발원하옵나이다.

주　소 : ______________________________

전　화 : ______________ 불명 : ________ 성명 : ________

불기 25 ______ 년 ______ 월 ______ 일